JURY D'HONNEUR

CONSTITUÉ

À la demande de M. le comte LE HON.

1851.

JURY D'HONNEUR

COMPOSÉ

DE MM. LES LIEUTENANTS GÉNÉRAUX

JACQUEMINOT, REGNAUD DE SAINT-JEAN D'ANGELY
comte DUVAL DE BEAULIEU ET DE BRYAS.

ANNEXES.

1° Lettre de M. de Crouseilhes, vice-président du cercle de l'Union, à Paris, à M. le comte de P..., ancien ambassadeur de France, en date du 27 février 1851.

2° Lettre de M. le comte Le Hon au président du tribunal de commerce de Paris, en date du 2 juin 1842.

PARIS. — IMPRIMERIE DE COSSON,
RUE DU FOUR-SAINT-GERMAIN, 43.

1851.

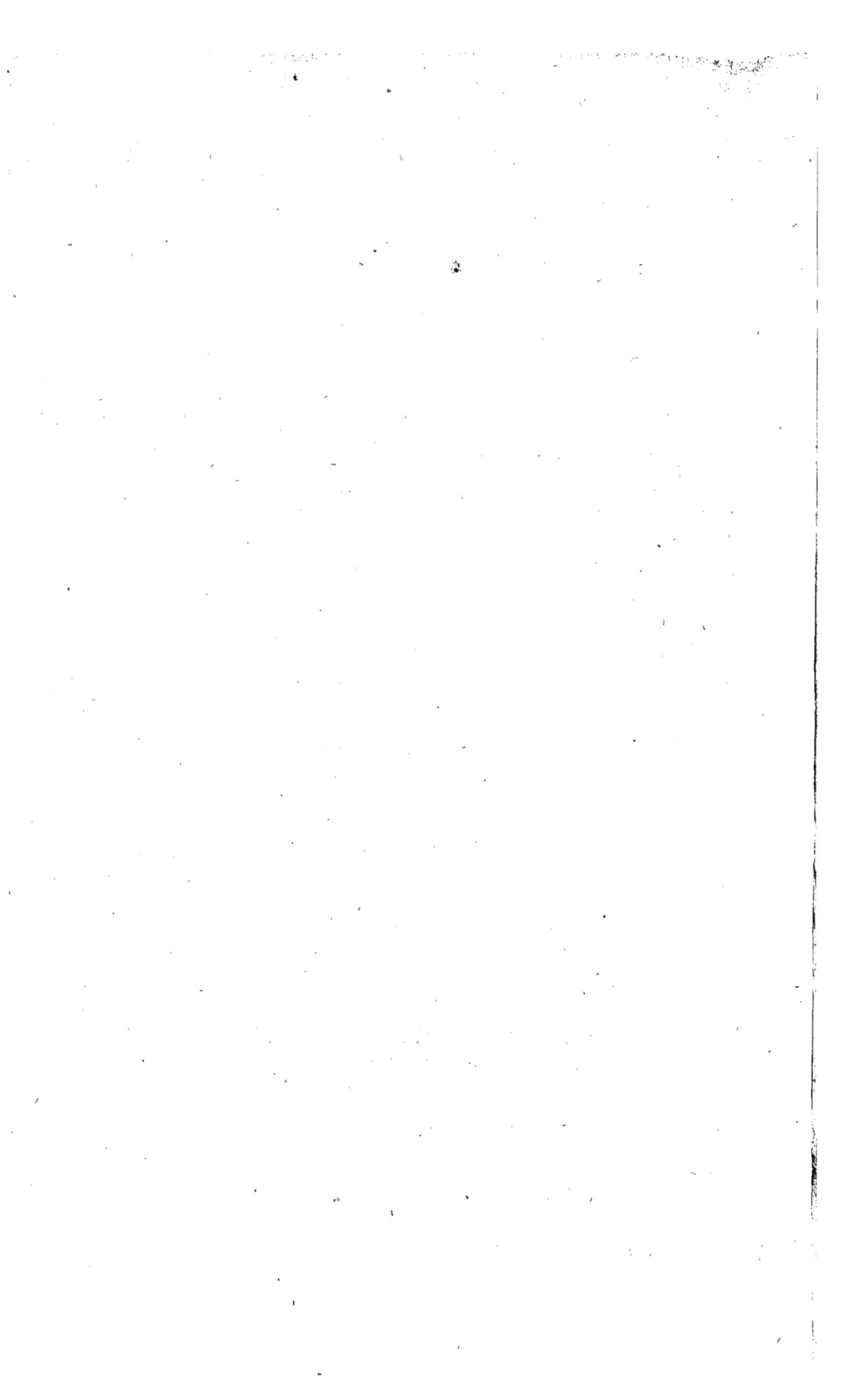

PRÉCIS DES FAITS.

—

En 1841, le 14 mars, le sinistre du notaire
Le Hon émut vivement l'opinion publique.

Au premier bruit de cet évènement, des créanciers considérables du notaire se tournèrent vers
l'ambassadeur, sollicitant, pour eux, le secours
de sa caisse ou sa garantie personnelle.

D'autres mirent aussitôt en œuvre les grands
moyens d'intimidation, tels que les accusations
odieuses d'enlèvement de cartons et de papiers
compromettants.

En peu de jours, le rachat des plus folles menaces aurait absorbé au-delà d'un million.

Sous de pareils auspices, la calomnie, vio-

lente et active à son début, s'étendit d'heure en
heure au point de soulever une clameur générale.

Une commission de créanciers, profitant de
cette véhémence de la prévention publique, vint
me demander en termes équivoques et bles-
sants si j'étais disposé à quelque sacrifice. Je répondis que j'agirais selon la conduite qu'on tien-
drait envers mon frère.

A la suite de démarches ultérieures, déférant
aux conseils de mes amis, je consentis à offrir
300,000 fr. dans l'unique but d'adoucir la position du débiteur et d'améliorer, autant qu'il
était en moi, celle des créanciers.

Le 10 janvier 1841, cette offre était acceptée,
mais comme prix de je ne sais quelle prétendue
responsabilité personnelle.

J'en fus informé le 11 et, le jour même, accompagné de MM. Odilon Barrot et Calley Saint-
Paul, j'allai déclarer à M. Glandas, avoué de la
liquidation, que j'avais entendu faire un sacrifice
honorable et non un marché flétrissant; que je
persistais à subordonner mon offre à des conditions puisées dans le seul intérêt de mon frère,
laissant la masse créancière parfaitement libre
de m'attaquer ensuite, si elle s'y croyait fondée.

Ces conditions n'ayant pas été accueillies, le
procès correctionnel s'ouvrit, *sept jours après*,
sous l'influence irritante de cette rupture.

Dans ce procès, séance du 18 janvier 1842,

l'agent des créanciers vint déclarer, comme témoin :

« Qu'il existait, sous les scellés, un compte d'opérations faites en société par les deux frères et établissant un mouvement de fonds de 3,500,000 francs ;

» Que les pièces relatives à la terre de Jouy, propriété de M. le comte Le Hon, avaient été enlevées par ce dernier ;

» Qu'un carton avait disparu, etc., etc., etc.»

La calomnie, revêtue de cette forme judiciaire, eut tout le retentissement que devait lui donner l'immense publicité des débats.

Le comte Le Hon était membre du *cercle de l'Union*, à titre de ministre de Belgique, à Paris, c'est-à-dire qu'il y était entré, en cette qualité, sans passer par aucune épreuve de scrutin.

Dès le 28 janvier, dix-neuf membres, la plupart d'opinion légitimiste, signaient une proposition tendant à ce que l'assemblée générale fût convoquée pour examiner s'il n'y avait pas lieu de prendre, au sujet du comte Le Hon, quelques unes des mesures prescrites par certains articles du règlement (1).

(1) Voir la lettre de M. de Crouseilhes, vice-président du cercle de l'Union et ministre actuel de l'instruction publique.

Le comité du cercle, après examen, au point de vue *du droit* et *de la forme*, de la question de savoir s'il y avait lieu de convoquer l'assemblée générale qui lui était demandée et sans s'occuper d'aucun fait, se prononça pour l'affirmative et m'en informa.

Je pensai que les imputations d'un agent intéressé à me compromettre, imputations produites en mon absence, au mépris de l'inviolabilité de mon caractère et sans contradicteur possible, n'autorisaient aucun homme impartial à suspecter immédiatement la loyauté de mes sentiments et de mes actes.

Je refusai de reconnaître à des passions ennemies un droit de juridiction sur mon honneur ; et, ne voulant pas surtout y soumettre en ma personne, le représentant du gouvernement belge, *j'envoyai ma démission.*

J'étais assailli par la plus violente tempête que puisse déchaîner contre un homme l'esprit aveugle de prévention, de vengeance et de haine politique.

Les outrages isolés n'avaient alors qu'un faible écho au milieu de la clameur générale. Je devais à mes enfants, à ma famille, au gouvernement dont j'étais le ministre en France, de défendre, avant tout, mon nom, mon caractère, ma conduite ; en un mot, ma vie privée et publique contre une si formidable coalition ; je le fis.

Sur ma demande, le roi Léopold, par arrêté du

mois de mars 1842, me plaça en disponibilité.

Le 2 juin suivant, dans une lettre au président du tribunal de commerce de Paris, qui a reçu la plus grande publicité (1), je sommai les créanciers du notaire d'exécuter leurs bruyantes menaces, leur rappelant que, depuis près de trois mois, j'avais déposé mon privilége d'inviolabilité diplomatique et j'attendais.

Outre les démentis que j'ai donnés dans cette lettre à chaque imputation spéciale de la calomnie, *j'y ai adressé le démenti général le plus formel,* DANS TOUTE L'ACCEPTION JUDICIAIRE ET SOCIALE DE CE MOT, à ceux qui avaient osé former ou répandre ces accusations contre moi.

Nul n'a relevé ce cartel judiciaire de 1842. On a tenté de me frapper par derrière au moyen d'une instruction criminelle provoquée contre l'ancien notaire pour soustraction de pièces et détournement de valeurs.

Après de longues et minutieuses investigations, les fables de la calomnie sont tombées devant la justice, et les créanciers, repoussés par elle malgré tous les efforts de la dénonciation la plus passionnée, ont désespéré même des chances d'un simple procès civil.

Dans ce même temps, mon caractère public et privé obtenait, en Belgique, de mes compatriotes, des gages éclatants d'estime, de sym-

(1) Voir la lettre annexe n° 2.

pathie et de confiance. Trois élections successives m'ont porté et maintenu à la Chambre des représentants et une place m'était offerte dans le ministère du 12 août 1847.

Ces devoirs accomplis envers mon nom et ma famille, je me suis préoccupé de la conduite que j'avais à tenir au sujet de certains épisodes de la tourmente de 1842 qui pouvaient constituer, au point de vue social, l'offense ou l'outrage personnel.

Mon attention s'est naturellement fixée sur la proposition faite au cercle de l'Union, le 28 janvier 1842, la malveillance ayant dénaturé ma retraite de cette société jusqu'à l'attribuer à une mesure d'expulsion.

C'est après bien des difficultés et depuis quelques jours seulement, ainsi que l'atteste la lettre de M. de Crouseilhes, du 27 février, que je suis parvenu à constater l'exacte vérité.

Pour arriver à ce résultat, j'ai dû promettre à ceux de mes amis qui ont bien voulu y concourir, que je me référerais, sur l'appréciation des faits comme sur les résolutions à prendre, à l'avis d'un jury d'honneur, composé d'officiers de haut rang dont le jugement aurait une grande autorité morale.

Je pose aux honorables membres de ce jury les questions suivantes, auxquelles je les prie de répondre dans toute l'indépendance de leurs convictions.

1° En donnant ma démission, comme membre de la société de l'Union, n'ai-je pas rempli le premier devoir que m'imposaient mon caractère de représentant d'un souverain étranger et le sentiment le plus légitime de dignité personnelle?

2° Suivant les lois de l'honneur, la proposition faite à mon sujet, le 28 janvier 1842, au comité du cercle de l'Union, ne constitue-t-elle pas un acte d'offense ou d'outrage personnel dont ces lois prescrivent de demander la réparation?

3° Si un long délai s'est écoulé depuis la date de la proposition, le retard de la demande en réparation d'offense ne serait-il pas expliqué et justifié par la priorité qui était due à la défense d'un grand intérêt de position, de famille et d'avenir et par la lenteur que la justice a mise à porter la lumière dans les accusations de mes ennemis?

Paris, le 8 mars 1851.

Signé, COMTE LE HON.

DÉCISION DU JURY.

D'après la demande de M. le comte Le Hon, membre de la Chambre des représentants, nous soussignés, lieutenants-généraux, avons examiné avec attention les pièces qu'il nous a remises : nous les avons cotées et paraphées au nombre de seize feuillets, et nous allons répondre aux trois questions qu'il nous a posées.

1ʳᵉ QUESTION. *En donnant ma démission, comme membre de la Société de l'Union, n'ai-je pas rempli le premier devoir que m'imposaient mon caractère de représentant d'un souverain étranger et le sentiment le plus légitime de dignité personnelle ?*

Réponse. Dans sa position d'ambassadeur de sa majesté le roi des Belges, M. le comte Le Hon ne pouvait consentir à donner des explications justificatives à MM. les membres du cercle de l'Union; sa réponse ne pouvait être qu'une démission, attendu qu'il ne faisait partie de cette Société qu'en sa qualité diplomatique. Nous estimons donc qu'il a agi conformément à l'honneur et à la dignité de sa position, en se bornant à donner cette démission.

2ᵉ question. *Suivant les lois de l'honneur, la proposition faite à mon sujet, le 28 janvier 1842, au comité du cercle de l'Union, ne constitue-t-elle pas un acte d'offense ou d'outrage personnel, dont ces lois prescrivent de demander la réparation ?*

Réponse. Comme il résulte de la lettre de M. de Crouseilhes, vice-président du cercle de l'Union, qui est jointe aux pièces n° 2, qu'aucun fait n'a été articulé contre M. le comte Le Hon, et que la convocation d'une assemblée générale était conforme à certains articles du règlement, sans qu'elle fût offensante pour lui personnellement, nous estimons que M. le comte Le Hon n'a point manqué aux lois de l'honneur en ne demandant pas de réparation personnelle aux auteurs de la proposition ou aux membres du comité du cercle de l'Union.

3° QUESTION. *Si un long délai s'est écoulé depuis
la date de la proposition, le retard de la démarche
en réparation d'offense ne serait-il pas expliqué et
justifié par la priorité qui était due à la défense d'un
grand intérêt de position, de famille et d'avenir, et
par la lenteur que la justice a mise à porter la lumière
dans les accusations de mes ennemis ?*

RÉPONSE. Les réponses faites à la première et
à la deuxième question ôtent toute importance à
la troisième.

Nous croyons avoir répondu franchement et
dans notre âme et conscience aux trois questions que nous avait posées, comme jury d'honneur, M. le comte Le Hon, membre de la Chambre des représentants de Belgique.

Bruxelles, le 23 avril 1851.

Signé : Le lieut.-général JACQUEMINOT.

Le lieut.-général COMTE DUVAL DE BEAULIEU.

Le lieut.-général DE BRYAS.

Je soussigné, lieutenant-général, ayant été
invité par le comte Le Hon à faire partie du jury
d'honneur constitué à sa demande, et n'ayant
pu me réunir aux officiers généraux qui ont
délibéré à Bruxelles, déclare avoir examiné avec
attention les faits et les deux pièces produites,

et adhérer entièrement à l'avis exprimé par les trois honorables généraux sur les questions ci-dessus posées.

Paris, le 17 mai 1851.

Signé : Le lieut.-général REGNAUD D'ANGELY.

ANNEXES.

N° 1ᵉʳ.

LETTRE A M. LE COMTE DE P...,

Ancien ambassadeur de France.

Paris, le 27 février 1851.

MONSIEUR LE COMTE,

J'ai reçu la lettre que vous m'avez fait l'honneur de m'écrire le 1ᵉʳ de ce mois ; des occupations multipliées ne m'ont pas permis d'y répondre aussitôt que je l'aurais désiré.

J'ai compulsé les registres de l'Union, et voici le résultat de mes recherches relativement aux circonstances qui ont précédé la démission de M. le comte Le Hon.

1° La proposition originaire d'un certain nombre de membres du cercle n'articulait absolument aucun fait et se bornait à demander qu'une assemblée générale examinât s'il y aurait lieu de prendre quelques-unes des mesures prescrites par certains articles du règlement.

2° Postérieurement à cette demande, un des signataires, aujourd'hui décédé, crut devoir motiver son opinion individuelle et exprimer le désir que M. le comte Le Hon eût à s'expliquer sur certaines dépositions qui avaient eu lieu dans le procès de M. son frère, déclarant formellement qu'il était prêt à retirer sa signature si, avant la réunion générale, M. le comte Le Hon dissipait ces impressions.

3° Quand le comité du cercle s'occupa (d'après la demande qui lui en avait été faite) du point de savoir s'il y avait lieu de convoquer une assemblée générale, on examina des points de droit et de forme ; on ne s'occupa nullement d'aucun des faits, et l'on décida seulement qu'une assemblée générale aurait lieu ; que préalablement communication de la demande serait donnée à M. le comte Le Hon, afin de le mettre en mesure de prendre telle détermination qu'il croirait convenable, et, dans ces circonstances, la démission de M. le comte Le Hon, étant intervenue, l'assemblée générale n'a point été appelée à s'occuper de cette affaire.

Je désire, monsieur le comte, que ces renseignements puissent remplir l'objet de la communication que vous me faites l'honneur de m'adresser.

Veuillez, monsieur le comte, agréer l'assurance de mes sentiments les plus distingués et de mon dévouement.

Signé : F. DE CROUSEILHES,

Vice-président du cercle de l'Union, en l'absence de M. le président.

—

LETTRE A M. CARREZ,

Vice-Président du Tribunal de commerce de Paris.

Paris, le 2 juin 1842.

MONSIEUR LE PRÉSIDENT,

Dans votre audience du 23 mai, j'avais désiré donner au tribunal des explications toutes personnelles, parce que, présent aux débats, je ne pouvais pas laisser sans réponse des insinuations déjà produites ailleurs d'une manière plus directe et plus grave.

Vous avez pensé que, pour obtenir la parole, je devais prendre qualité au procès. Votre décision me plaçait dans l'alternative de garder le silence ou d'intervenir.

Mon silence n'avait que trop longtemps favorisé les vues de mes ennemis. L'intervention m'obligeait à conclure sur la demande principale : appuyer la déclaration de faillite, c'eût été mentir à ma conscience et trahir mes

sentiments autant que mes devoirs de frères ; la combattre, c'était autoriser le soupçon que je pouvais la craindre et donner des armes à la calomnie.

Quel intérêt y avais-je d'ailleurs ? je ne redoute pour moi aucun mode quelconque d'investigation, pourvu qu'il ait le contrôle de la publicité ; et quant à M. Le Hon, il a réuni cette fois, en temps utile, les défenseurs le plus capables d'éclairer la conviction et de parler à la conscience du juge. Déjà, dans une discussion forte, irrésistible, l'un d'eux, M. Paillet, a renversé l'échafaudage qu'on avait laborieusement élevé. Avec l'indépendance d'un beau talent uni à un noble cœur, il a même indiqué la carrière qui était ouverte, devant les premiers juges, à la défense explicative de la vie notariale de M. Le Hon. La dialectique pressante de M. Horson et la plume si remarquable de M. Langlais compléteront son ouvrage.

Afin de concilier mon respect pour la volonté du tribunal avec l'impossibilité morale où je suis de me taire plus longtemps et d'intervenir, permettez-moi, Monsieur, de vous adresser directement mes explications sous la forme d'une lettre que je destine à la publicité. Vous pardonnerez la vivacité de mon langage à la franchise de ma démarche. Dans la situation inouïe qui m'est faite depuis six mois, votre impartialité comprendra le besoin que j'éprouve d'aborder de front les personnes et les choses ; de déchirer enfin le voile dont on couvre à dessein des ombres vaines pour faire croire à des réalités.

Je rappellerai d'abord quelques antécédents :

Devant le tribunal correctionnel de Paris, une déposition faite au nom des créanciers a porté principalement sur moi, quoique je fusse étranger à ce procès.

Abusant de l'absence de tout contradicteur, on m'a im-

puté des faits graves pour établir que j'avais été l'associé
de M. Le Hon, et pour incriminer, en le dénaturant, le
compte loyal et simple de la gestion de ma fortune et de
celle de madame Le Hon pendant treize années.

Lorsqu'on attaquait ainsi mon caractère, je jouissais en
France de l'inviolabilité diplomatique. Ce privilége, qui
ne m'a pas protégé contre les accusations des créanciers,
était néanmoins un obstacle à leurs poursuites : je m'en
suis dépouillé et je suis venu accepter spontanément une
juridiction étrangère.

L'inventaire qui les a mis en possession de tous les papiers de M. Le Hon est achevé depuis plus de neuf mois.

Quatre mois et demi se sont écoulés depuis leurs asser-
tions accusatrices.

Il y a plus ; dès le 23 janvier, ils votaient à l'unanimité
une démarche près du ministre des affaires étrangères
pour être autorisés à me poursuivre en France.

Eh bien, voilà plus de trois mois que je suis de retour à
Paris, sans fonctions, sans priviléges, et j'attends encore
ce procès et ces preuves.

Je leur aurais épargné l'embarras de l'initiative en la
prenant moi-même, si mes conseils ne m'en avaient dis-
suadé, par le motif que mon agresseur, à raison de son
titre de témoin, était placé, en quelque sorte, sous la
sauvegarde de la justice.

Il est vrai que dans une circulaire du liquidateur aux
créanciers, en date du 20 mars dernier, après avoir vanté
des droits évidents contre moi, on a déclaré que des poursuites seraient déjà commencées si l'administrateur actuel
n'avait pas craint de ne pouvoir rester à la tête de l'affaire.
Ce langage étrange ne saurait abuser personne ; car la
puissance des preuves et l'évidence des droits, quand elles

existent réellement, sont appréciées par le juge abstrac-
tion faite de l'agent qui les invoque.

Et, d'ailleurs, n'a-t-on pas trouvé, dit-on, des pièces
qui me compromettent dans les papiers de M. Le Hon, si
minutieusement inventoriés? des pièces dont on a fait à
la fois grand bruit et grand mystère; un projet de réponse
à un interrogatoire sur faits et articles, des lettres relatives
à l'usine d'Essonne, des avis sur les devoirs de sa position
et le soin de ses affaires, et sans doute d'autres énormités
de ce genre!... pièces très importantes apparemment,
puisqu'on en a tarifé la valeur à 500,000 francs! Avec
tant de moyens et tant de raisons d'agir, pourquoi donc
s'est-on abstenu si longtemps?

Il devient évident aujourd'hui qu'après avoir menacé
l'agent diplomatique, on n'ose pas attaquer en face l'homme
privé, et qu'on craint de troubler les joies de la calomnie
par les mécomptes d'une défaite judiciaire. Il fallait pour-
tant que cette situation eût un terme, et grâce aux pour-
suivants, à leur insu peut-être, ce terme est arrivé. Puisqu'il m'a été donné de les rencontrer devant un tribunal,
je parlerai à mon tour, mais d'une manière nette et pré-
cise; je ne veux omettre aucune des insinuations publiées
jusqu'à ce jour.

On a dit que j'avais fait souvent des opérations en par-
ticipation avec M. Le Hon : cela est faux!

On a cité, comme exemple, qu'en 1825, au début de
son exercice notarial, M. Le Hon avait acheté avec moi la
terre de Montgeron : cela est faux!

Répondant à la question de savoir à quel chiffre s'éle-
vaient les sommes qui alimentaient les opérations indus-
trielles de M. Le Hon, on a dit qu'il existait sous les scellés
un compte relatif aux opérations faites en société entre les

deux frères et établissant un mouvement de fonds de
3,500,000 francs : cela est faux, pour ne rien dire de
plus!...

On a dit que dans ce compte le prix de la terre de Jouy
qui m'appartenait était porté comme si j'en étais encore
débiteur : cela est faux.

On a dit encore que le sieur Piat, consulté, aurait déclaré que j'avais enlevé les papiers relatifs à cette affaire.
Je répondis à l'auteur de cette assertion : cela est faux.

On a dit enfin qu'un carton avait disparu, que des dos-
siers avaient été soustraits ou détruits.

En d'autres temps, je n'opposerais à des allégations va-
gues et insaisissables que le plus profond mépris : aujour-
d'hui je ne veux pas laisser à la calomnie le prétexte de
mon silence. Je donne donc LE DÉMENTI LE PLUS FORMEL,
dans toute l'acception JUDICIAIRE et SOCIALE de ce mot, à
tous ceux, quels qu'ils soient, qui ont osé m'imputer l'un
ou l'autre de ces faits ou quelque fait semblable.

Quant à l'opinion émise, en interprétation de certaines
lettres, que j'aurais été l'associé de M. Le Hon dans l'u-
sine d'Essonne, c'est une erreur. Je rendrai compte à la
justice, et bientôt je l'espère, de l'intérêt fort légitime
que j'ai pris et payé dans cet établissement; des considé-
rations particulières, je pourrais dire honorables, qui m'y
ont déterminé et des mesures de contrôle que j'ai voulu y
faire introduire selon mon droit et dans l'intérêt de tous.
Elle jugera alors comment, en toutes choses, on a dénaturé la sollicitude d'un frère et méconnu ses sacrifices.

Voilà mes réponses, Monsieur; elles sont catégoriques.
Je suis prêt à y joindre des développements et des preuves;
je suis prêt à mettre à nu tous mes rapports avec M. Le
Hon, comme client et comme frère; mais prêt aussi à porter

la lumière dans les relations d'une partie de ses créanciers avec lui. J'aurai peut-être l'occasion de rendre de la mémoire à quelques-uns d'entre eux. J'attends pour cela leur poursuite et je les somme de me l'intenter.

Il devait convenir à des adversaires qui semblent éviter la lutte après l'avoir provoquée de me placer à vos yeux sous la crainte de leurs attaques : aussi a-t-on avancé que j'aurais fait des proportions d'arrangement et s'est-on donné le mérite de les avoir rejetées. Sur ce point encore, JE DONNE UN FORMEL DÉMENTI. Toujours j'ai repoussé avec énergie l'idée d'une transaction qui me fût personnelle, et on n'oserait pas le nier en face des personnes honorables qui l'ont hautement déclaré en mon nom. Un simple résumé des faits suffira, Monsieur, pour vous en convaincre.

Quelques mois avant les débats du procès correctionnel, j'avais offert 300,000 fr. pour adoucir la position de mon frère et améliorer, autant qu'il était en moi, celle des créanciers. Le 10 janvier, cette offre, discutée en assemblée générale, avait été acceptée, mais comme le prix du rachat de ma responsabilité propre : j'en fus informé le 11, et le jour même, accompagné de MM. Odilon Barrot et Calley-Saint-Paul, j'allai déclarer à M. Glandas, avoué de la liquidation que j'avais entendu faire un sacrifice honorable et non un marché flétrissant : « Gardez vos pièces et » exercez vos droits si vous en avez, lui ai-je dit ; je main-» tiens mon offre de 300,000 fr. sous des conditions pui-» sées dans le seul intérêt de mon frère : je vous laisse » parfaitement libre de m'attaquer ensuite. »

Ces conditions n'ayant pas été accueillies, le procès eut lieu sept jours après sous l'influence irritante de cette rupture. On avait prétendu que l'une d'elles était impossible et que partant ma concession n'avait pas été sérieuse.

Pour donner la preuve du contraire, M. Odilon Barrot voulut bien se charger, même depuis le jugement de condamnation, de maintenir en mon nom l'offre de 300,000 f. dans les seuls termes honorables qu'il me fût possible d'accepter après la séance du 19 janvier et pour éteindre tout projet de recours ultérieur contre M. Le Hon.

On prit sans doute cet acte de sympathie pour un symptôme de crainte et de faiblesse. On voulut m'imposer en mon absence un tribut de 500,000 fr., à la condition d'un rachat de pièces. Dès mon retour de Belgique, je repoussai de nouveau cette condition humiliante, et tout fut rompu.

Aujourd'hui j'ai épuisé toutes les tentatives de concourir dignement à soulager des malheurs que je déplore et dont j'ai souffert autant que personne. La calomnie n'a respecté ni mes intentions ni mes efforts. Tout sacrifice de ma part serait désormais lâcheté et déshonneur : aucune considération au monde ne m'y ferait consentir.

Entre mes accusateurs et moi il n'y a donc plus que ce moyen de solution : *procès et publicité*. S'ils ne répondent pas au cartel judiciaire que je leur adresse, l'opinion publique jugera entre nous; et déjà cette opinion, plus calme, s'étonne de tant d'hésitation après tant et de si bruyantes menaces. Elle commence à comprendre que les passions de quelques-uns ont eu fort peu de souci du malheur du plus grand nombre; que la haine et l'esprit de parti se sont plus occupés d'attaquer ma position politique que d'accroître les ressources de la liquidation.

Le moment n'est pas loin où la vérité tout entière se fera jour à travers tant de calomnies. Jusque-là les hommes impartiaux prendront du moins acte de ce fait, que, tandis que mes adversaires essaient de m'atteindre par des voies détournées, je suis venu, sans m'inquiéter des préventions, étranger et seul contre tous, me présenter avec confiance à la justice de leur pays.

Telles sont, Monsieur, les explications préliminaires que j'aurais soumises au tribunal et que j'ai l'honneur d'adresser à tous ses membres en la personne de son pré-sident. Elles leur prouveront avec quelle impatience j'ap-pelle un débat public. Votre équité appréciera, sans doute, certaines observations que commandait la spécialité de ma position vis-à-vis de la France et de la Belgique.

Agréez, monsieur le Président, l'assurance de ma con-sidération la plus distinguée.

COMTE LE HON.

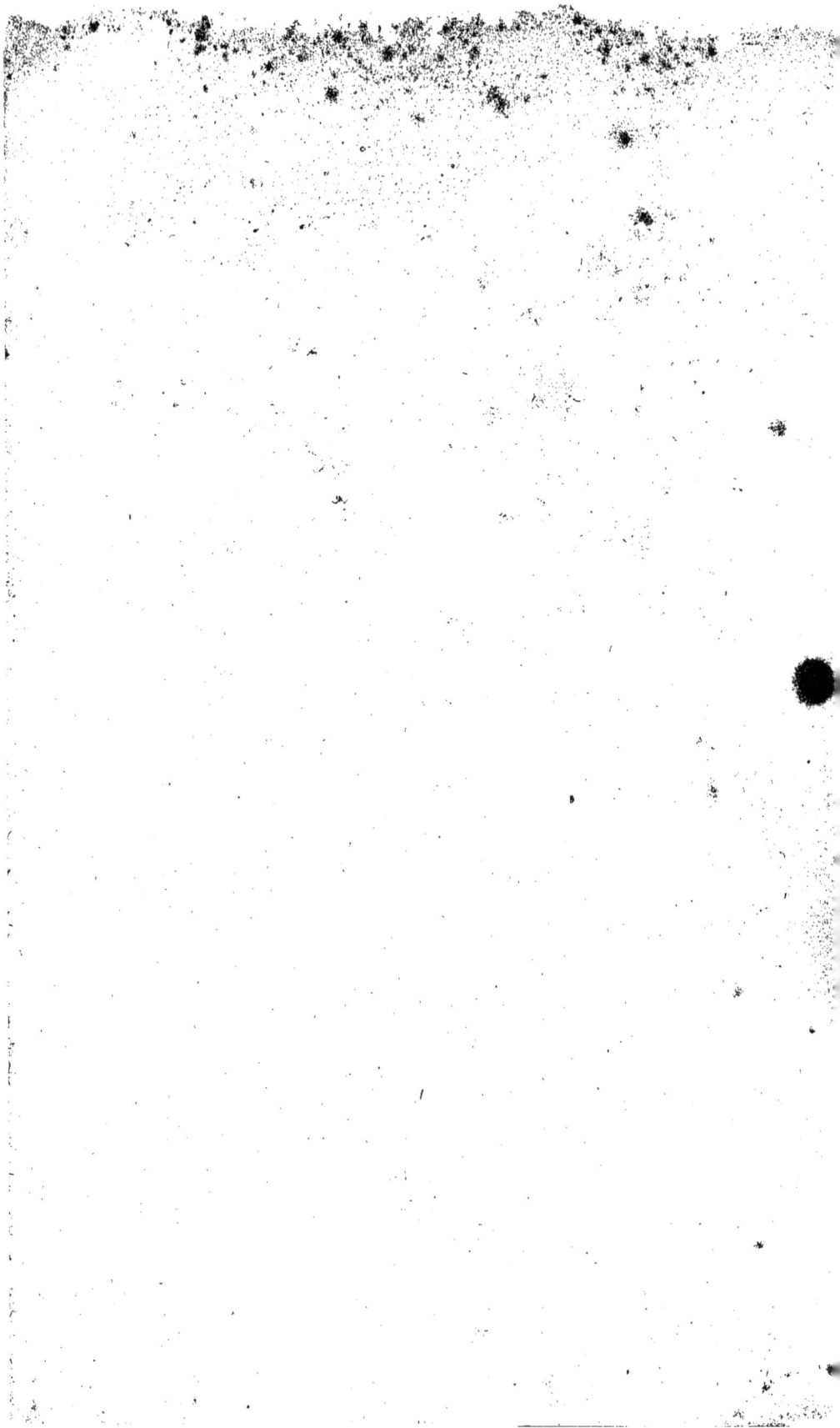

www.ingramcontent.com/pod-product-compliance
Lightning Source LLC
Chambersburg PA
CBHW072023290326
41934CB00011BA/2783